AF138739

Traumdrehbücher

Herstellung und Verlag:
BoD-Books on Demand, Norderstedt
ISBN: 978-3-7322-6349-3

Thomas Magdic

Traumdrehbücher

Für Alexandra,
die all dies in mir weckte

1. Teil: Februar/März/ April 2000

augentraum
facetten
frühlingsgedanken
frühlingsglut
traumgarten
kuscheln
lawinenherz
liebeshorizonte
liebestraum
mit dir
mondsichel
mondschatten, silbern
nasen im wind
sanfte hänge
regenbogenlandmorgen
sommergrün
traumduft
uns genießen
ohne zu zerplatzen
traumtraum

2. Teil: Mai bis 13. September 2000

maiwärme
kuschelreigen
mondlichtdiamanten
regenbogenlandtraum
purpurfalter-traum
wohlfühlig
wunschlos glücklich
lass es uns gut gehn
milchstrassenbogen
moosperlenküsse
reise zu uns
hochsommerkirschen
sonnenträume
sehnsucht, silbern
später jasmin
sonnenkuss
sternenträume
wilde blüten

3. Teil: nach dem 13. september 2000

13./14. september
traumvorschläge
gipfel erklimmen
sanft gefangen
salz, honigsüss
von mir und dir
spätsommer - traum
nachtblau
feuer - atem
ostsee - traum
(timmendorfer strand, 1. oktober 2000)
herbsttraum

****

Ein Nachwort

1 . TEIL

Februar/März/ April 2000

augentraum

deine augen
zwei sterne nur
und doch ein ganzes universum
glitzernd,
funkelnd,
strahlend,
leuchtend,
bis der morgen blau erstrahlt
deine augen
universen zum ertrinken
zum versinken.

facetten

deine facetten
lass sie
leuchten!
funkeln!
strahlen!
im
mondlicht,
im
sonnenlicht,
im
sternenlicht.

ich finde dich
aufregend!
anregend!
du inspirierst mich!
ich seh dich im licht
im
morgenlicht,
im
abendlicht,
im
nachtlicht,
wenn ich
deinen schlaf bewache.

frühlingsgedanken

ich setze dich einfach
auf eine wolke
am frühlingshimmel,
setz mich dazu,
und dann
lassen wir uns
gleiten
und
schweben
über die horizonte hinaus
ins land
der zärtlichkeiten
und
der schönen träume.

frühlingsglut

träume
von
der duftenden glut
dieses frühlingstages
die dir
in deine träume folgen soll
süss und duftend,
wärmend,
wie meine umarmungen
sanft,
wie meine küsse
sacht,
wie wolken aus watte.
lass dich umarmen von diesem tag
und
von mir.
wie schön,
dass es dich gibt!

traumgarten

träume
von
einem garten mit blumen,
zauberblumen,
die herrlich duften,
nach unseren umarmungen.

von
einem wald mit bäumen,
zauberbäumen,
die sich sanft wiegen,
im wind unserer sehnsüchte.

von
einem firmament voller sterne,
zaubersternen,
die sphärisch strahlen,
wie dein wundervolles lächeln.

von
einer truhe voller edlesteine,
zaubersmaragde,
betörend grün,
wie deine augen.

träume
von meinem herz voller liebe
liebeszauberherz,
wie es dir,
liebend-rot
entgegensschlägt!

kuscheln

du liebste!
träume schön
und
schlafe gut!
träume
von
meinem lächeln,
das dich sanft zudeckt.
träume
von
meinen lippen,
die sacht über deine wangen streichen.
träume
von
der zartheit und sanftheit,
die uns umfängt
wenn wir,
ganz ganz kuschelig
zusammen sind.

lawinenherz

träume
von
lawinen,
die mein herz durchrasen
von
feuerwerken,
die du in meinem kopf abbrennst
von
der innnigkeit,
die wir
fühlen
spüren
erleben
wenn wir
zusammen sind
und
uns
kuschelnd
aneinanderschmiegen
und
wärmen
und
streicheln
und
lieben.
lieben.
lieben.

liebeshorizonte

träume
von
schönen horizonten
nahen
und
fernen.
träume
von
betörenden düften,
die du
mir
schenkst.
träume
von
meiner liebe.

liebestraum

träume
von
seltenen zukunftssteinen
verborgen, glitzernd
an geheimen orten
in verwunschenen klüften.
träume
von
liebesquellen
klar sprudelnd
in unterirdischen höhlen
zwischen rosen und nelken
zwischen moosen und gräsern
träume
von
geborgenheitsnebeln
wallend und fließend
in geschützten grünen tälern
über duftende blütenmeere
in die ich dich
sanft bette.

mit dir

mit dir
auf einer seidenen wolke sitzen
zuschauen,
wie der volle mond
für uns
sein goldenenes nachtsegel hisst,
träume regnen lässt.
wir sammeln
die traumtropfen,
pflücken sie,
von nachtschattigen gräsern
wie tautropfen am sommermorgen
in silberne traumschalen,
reichen uns
die wunderperlen,
wiegen uns
sanft in den schlat
und träumen,
wie wir
sternschnuppen fingen,
stürme aus wassergläsern befreiten
nachtschatten bunt anmalten,
kometenschweife zu sträußen banden.
wir liegen im mondlicht
und träumen,
arm in arm,
wange an wange,
haut an haut.

mondsichel

siehst du
die
sichel des mondes?
sie wartet nur darauf,
VOLL
zu werden.

voll
mit unseren wünschen,
mit unseren träumen,
mit unseren sehnsüchten,
mit unserer liebe.
um hell zu strahlen
als silbermond
der
silberne tränen
weint
wenn
wir uns missen,
entfernt
voneinander
nach uns
schmachten.

mondschatten, silbern

träume
von
silbernen mondschatten
die leisen zauber
auf dein gesicht zeichnen
wenn wir uns küssen
in der nächsten frühlingsnacht.
von
sanften silbernebeln,
die dich
sanft in den schlaf wiegen.
von
zarten küssen,
die ich dir
auf stirn und wangen hauche,
um dich
in den schlaf zu begleiten.

nasen im wind

träume
vom wind,
der uns
um die nasen wehte
der dir nun
sanfte liebesgrüsse
von mir bringt.

träume
vom ersten strahl der sonne,
der dir nun
küsse von mir
ins gesicht haucht.

träume
vom vollmond
der dir nun
mit seinen
silberstrahlen
ein buch schreibt
mit meinen
liebesversen
für dich.

träume
vom morgen
der ganz bestimmt
kommen wird
wenn wir uns
in den armen liegen
uns küssen
uns lieben.

sanfte hänge

träume
von hohen bergen
auf deren sanften hängen
wir uns sonnen.
arm in arm
hand in hand
lippen auf lippen
haut an haut.
uns lieben,
bis der mond
uns silbern zudeckt
uns mit unseren
zartheits- kuschel-
und
wohlfühlträumen
alleine lässt.
hoch droben
auf den gipfeln
der liebe,
der wollust,
der zärtlichkeiten.
auf das
wir
nie
nie
nie
abstürzen
doch
in uns ruhen
und
schmeicheln
und
zärteln
und
kuscheln.

regenbogenlandmorgen

träume
vom
sonnenaufgang
den wir
gemeinsam
erleben
im
regenbogenland.
kuschelnd
an sanften ufern
warmer meere
die uns
mit ihrem
unendlichen rauschen
sanft wecken
und wieder
einschlafen
und
zusammen
träumen lassen.

sommergrün

träume
vom
sanften sommergrün
vom
morgentau im moos
vom
vogelgesang
der uns weckt
von
der sonne
die uns wachküsst
von
meinen armen
die dich sanft halten
von
meinen lippen
die dich sanft küssen.
im morgenlicht.
ich schmiege mich
an dich
kuschelnd.

traumduft

träume
vom
frühlingsanfang
von
sonne
in
deinem herzen.
träume
von
warmer erde,
die
nach
mehr
duftet,
nach
blumen,
nach
leben,
die duftet
nach
vergangenem
winter
und
zukünftigem
sommer.

uns geniessen

träume
von
sonnenbeschienen bergen
die wir
gemeinsam erklimmen.
von
sanften tälern
in die wir
schauen:
gründurchflutet,
hingemalt.
wir sitzen
wange an wange,
geniessen
den blick
und uns
unsere nähe
unsere liebe.

ohne zu zerplatzen.

träume
vom
funkelnden glitzerlicht der sterne
das dir nachricht bringt
von mir
direkt aus meinem herz.
vom
munteren, klaren bachlauf
der so sicher im meer endet,
wie ich dich liebe.
von
bunten ballonen
die meine
wünsche und sehnsüchte
zu dir tragen,
ohne
wie seifenblasen
zu zerplatzen.

traumtraum

träume,
wie
ich dir
die hände
reiche,

träume,
von
meinen gedanken
an dich,
die
in schnellen eilzügen
zu dir
rasen.

träume,
von
meinen gefühlen
für dich,
die der
süsse frühlingswind
zu dir
trägt.

träume,
von
meinen träumen
mit dir,
die sanfte erinnerung
mir zart
beschert.

träume,
wie
ich dir
die hände reiche,
und
meine lippen
träume,
von
unseren umarmungen
von
unseren küssen,
mit denen
die zärtlichkeit
uns
einhüllt.

Teil2

Mai bis 13. September 2000

maiwärme

träume
in der kühlen
mainacht
von meiner
wärme
von meiner
nähe.

träume
von
dem feuer
in mir
von dir
entfacht.

träume
von
unseren feuern
füreinander.

träume
wieichdich
wiedumich
wiewiruns
wärmen.

kuschelreigen

träume
von
der kühle der nacht
die diese
herrliche glut
unserer leiber
lindert.
von
den wohligen schauern,
die wir
gänsehäutig
über uns jagen.
vom
lauf der sterne,
der uns
durch die nacht geleitet.
von den mauerseglern,
die uns wecken.
von der kuscheligkeit
die wir
neu
und immer wieder
neu
genießen.

mondlichtdiamanten

träume,
vom mondlicht,
das silbern
zwischen
unsre leiber
kriechen will,
wenn wir
haut an haut liegen
und uns
zärtlich umarmen.

träume,
von diesem licht,
das ich dir einfange
mit meinen augen
um dir,
zwei blaue diamanten
zu schenken,
die dich sicher
durch die nächte
begleiten.

regenbogenlandtraum

träume
vom
regenbogenland
ich werfe
meine traurigkeit
in die luft
und spann sie dir
als regenbogen.
ich träume
mit dir
wange an wange
vom regenbogenland.

purpurfalter-traum

schlaf gut
und träume
schön,

vom
dunklen altern der zeit,
in der
nur du
goldverlockend schimmerst.

träume
vom
tanz der purpurfalter
um den vollen mond
wie ihr
sanfter flügelschlag
dich streichelt,
wie
sein zartes silberlicht
dich küsst.

träume
vom
leichten tanz
in flauschigen wolken
auf nachtblauem kies,
der dich
sacht in den schlaf
dreht und wiegt.

träume
wie ich
dein herz
an meine lippen hebe,
wie du
meines
an deine lippen hebst.

träume
wie wir
den durst der stunden
stillen
und
kein laut,
kein dunkel
zwischen
uns
schlüpft.

wunschlos glücklich

träume
von
all den guten dingen,
die
ich dir wünsche.
von
all den guten dingen,
die
du mir wünschst.
von
all den guten dingen,
die
wir uns wünschen.
träume
davon,
dass wir
zusammen
wunschlos
glücklich
sind.

wohlfühlig

träume
von lauen frühlingsnächten,
mondbeschienen
in meinen armen
wohlfühltage und nächte
lauschig
unendlich kuschelig
in meinen armen
mit dir sein
lauschig
wohlig
fühlig
wohlfühlig
das wünsch
ich uns.

lass es uns gut gehn

träume
davon,
wie es dir
gut geht,
träume,
dass
tausend sterne
dich küssen
und
in deinen augen
strahlen.
träume
davon,
wie es mir
gut geht,
träume,
dass
tausend blumen
ein lächeln
und
süsse küsse
auf
unsere lippen
zaubern.
träume
davon,
dass
es
uns
gut geht.

milchstraßenbogen

träume
vom
weiten bogen
der milchstraße,
der sich
spannt
übers firmament,
wie der
bogen
meiner liebe
zu dir.

träume
vom
weiten rund
des regenbogens,
der sich,
in allen farben
von
mir
zu
dir
spannt.
bunt,
magisch,
froh,
riesig,
leuchtend,
wie die
liebe
von mir
zu dir
von dir
zu mir.

moosperlenküsse

träume schön
von
kühlen quellen
sprudelnd
im moos,
wo wir liegen
an heissen tagen
beschattet
von alten bäumen
uns
die glitzerperlen
von den
lippen küssen.

reise zu uns

träume
wie wir,
auf reisen gehen
zu uns,
schwerelos.
wie wir,
aneinander treiben,
in uns
glücklich.
wie wir,
ineinander fallen,
in uns
glücklich.

hochsommerkirschen
(bei minus 15°)

träume
wie die zarten
vollmondschleier
die nächtliche landschaft
verzaubern,
grad so
wie meine küsse
über deine haut gleiten.
träume
vom
warmen meer unserer zuneigung
auf dem
ich treibe und tanze
wie ein champagnerkorken
auf den wogen
deiner zärtlichkeiten.
träume
wie süß
unsere küsse
schmecken.
wie
späte kirschen
im glühenden
hochsommer,
heiß,
zart
weich
rot.

sonnenträume

träume
von
der frühlingssonne
die uns
morgens sacht
in ihre arme nimmt
wenn wir
beieinanderliegen
uns
küssen
uns
kosen.
träume
von
der abendsonne
die uns
abends sacht
umfängt
wenn wir
lächelnd
den tag verabschieden
in uns versinken
zart
und
warm
und
liebend.

sehnsucht, silbern

du,
ich wünsche dir
schönste träume
vom
zunehmenden mond
der
meine wachsende
sehnsucht
nach dir
silbern
doch
unvollkommen
nachahmt.

von
lauen sommernächten
die gewiss
wiederkommen,
und doch
wärmen wir uns,
nah
sanft
kuschelig
aneinander.

vom
weißen regenbogen
den ich
jetzt
zu dir spanne
der
meine liebe
zu dir bringt
im schlaf
die dich
morgen früh
zärtlich
wach küssen
wird.

später jasmin

träume
davon,
wie ich
lange auf dich wartete.
bis du dann,
mit glühenden lettern
auf meiner stirn
erschienst,
mit glühenden gefühlen
in mein herz
einzogst.
als du branntest
in meinem herz,
auf meiner stirn.
als deine
makellose linie
mich gefangen nahm
wie ein reif,
der perfekt
über die erde rollt
und unter allen
DU
DU
Du
nahmst mein fenster,
wie später jasmin
Du
hast mich berührt!

sonnenkuss

träume,
wie die wolken
aufreißen
und der
sonne
freie bahn geben
damit sie
uns
wärmt,
uns
kuschelt,
und
sanft
mit ihrem
kuss
weckt.

sternenträume

träume
vom
abendstern
der in
deinen augen schimmert
und
mich anlächelt.

träume
vom
morgenstern
der in
meinen augen schimmert
und
dich anlächelt.

gedanken,
wünsche,
träume,
von stern zu stern
von
mir zu dir.

du
mein erster gedanke
am morgen
mein letzter
zur guten nacht
mit träumen
von dir.

wilde blüten

träume
von
purpurnen seen,
deren
wilde blüten
ich
dir
nicht
breche,
aber
schenke.

Teil 3

nach dem 13. September 2000

13./14. september

träume ...
vom warmen duft
der sommererde,
genau,
wie ich
von deiner
wärme träume.
träume ...
vom letzten vollmond
dieses sommers
der
unsere
liebe
silbern
einhüllt.
träume ...
sanft
süss
lächelnd.

traumvorschläge

träume
nicht von der welkenden sonne,
träume
vom warmen morgenrot,
dass uns wachküsst.
träume
nicht von dürren wüsten,
träume
von grünstrotzenden oasen
wo wir uns laben
an süßen früchten.
träume
nicht von dunklen mooren,
träume
von hellen, klaren meeren
auf deren wellen unser
augenstrahlen funkelt
wenn wir uns anlächeln.
träume
nicht von rauhem schmiergel
träume
von zarter, glatter haut,
die sanft aneinanderstreicht,
wenn wir
uns küssen.

gipfel erklimmen

träume,
wie wir sitzen,
auf karstigen gipfeln
und schauen.
uns schauen
und
sonnenuntergänge.
und wieder,
uns schauen,
in augen,
in seelen
in herzen.
träume
wie wir
schauend
und
wissend
ineinander
versinken
und
uns
lieben
bis
zum
sonnenaufgang.
und uns schauen!
in uns
sehen,
in uns
ruhen
in uns
gipfel
erklimmen.

sanft gefangen

träume
einfach nur:
SCHÖN!!
von dir
und
mir
träume,
vom glück,
das wir
haben werden,
träume
von zukunft,
die wir
haben werden.
träume,
von diesen wogen
die uns,
immer
und
immer
überrollten,
die uns,
immer
und
immer
wieder
trotz allem,
sanft
gefangen
nehmen.

salz, honigsüss

träume,
wie das salz
der tränen
sich wandelt
zu funkelnden
zärtlichkeitskristallen,
die in unseren augen
strahlen,
träume,
wie das salz
der tränen
sich wandelt
zu glitzernden
zukünften,
geboren aus
guten und schlechten
vergangenheiten,
träume,
wie das salz
der tränen
sich wandelt
zu honigsüßen
küssen
geküsst von
dir zu mir
mir zu dir,
zart,
bebend,
lustvoll.

von mir und dir

träume,
von goldener herbstsonne,
wie sie,
deine inneren konturen
in den schatten zeichnet.
träume,
davon,
dass nichts,
nichts
diese schatten
verwischen kann.
träume,
auch davon,
wie diese sonne,
schatten zeichnet von dir.
verlockend, betörend.
träume,
nicht
schwarz-weiss,
träume
in bunten,
verschmelzenden
farben.
träume,
von
Dir
und
Mir!!

nachtblau

träume,
wie du den duft
des welkenden sommers
geniesst,
wie dein
strahlendes lächeln
immer wieder
bunte glücksblumen
zaubert!!
mitten hinein
ins kalte
blau der nacht.
wie das nachtblau
sich färbt
zu morgenrot.
von diesem licht,
in dessen schatten
wir uns
nahe sind,
in dem
unsere
schatten
eins
werden.

spätsommer-traum

träume,
von duftenden wiesen,
in denen wir liegen,
geborgen,
und
wolken deuten,
die über uns ziehen.
träume,
von warmen stränden,
an denen wir liegen,
geborgen,
und
dem spiel der wellen
lauschen und zuschauen.
träume,
vom warmen sommerregen,
durch den wir laufen,
lachend,
und uns
die tropfen
auf unseren wangen
vorzählen und weg küssen.
träume,
von mächtigen gewittern,
die wir erleben,
arm in arm,
und uns
die staunende faszination
aus unseren augen
vorlesen.

träume,
von den sonnenstrahlen,
flirrend und sirrend,
die wir
für uns tanzen lassen,
ehe die sonne,
versinkend
im abendhimmel
verblasst.
träume,
vom nachthimmel,
den wir betrachten,
hand in hand,
und uns
die sterne vom himmel holend,
haut an haut,
die nacht
zum tag
machen!

feuer-atem

träume
vom herbst,
golden, bunt,
in leuchtenden farben.
träume
wie die sonne
aus
morgennebeln steigt,
wärmend,
erlösend.
träume
wie die sonne
in
die abendnebel taucht,
rot,
schön,
um
feueratem
zu holen
für die wärme
des neuen tages.

ostsee-traum
(Timmendorfer Strand, 1. Oktober 2000)

schlaf schöööön und träume
wundervoll ...
träume,
von bunten steinen am strand,
schön, ungezählt,
wie meine gedanken an dich.
träume,
von nebelblauen horizonten,
weit, offen,
wie meine arme für dich.
träume,
vom blaunebelhimmel,
pastellsanft, wärmend,
wie meine umarmung für dich.
träume,
vom haar im sand,
wange an wange,
auge in auge,
lippen an lippen,
kuss an kuss,
zunge an zunge,
welle an welle,
mit tiefen gefühlen.
träume...

herbst-traum

träume,
wie der wilde wein
graue mauern
rot färbt.
träume,
wie der herbst
mit
dicken pinseln
goldene farbtupfer
in die
wallenden nebel
haucht.
träume,
wie die sonne
rot,
gelb,
warm
über den
horizont steigt
und
den dunst
auflöst.
träume,
wie die wärme
in dich kommt,
die ich dir so wünsche.
träume,
dass ich dir
nahe bin
und mich an dich
schmiege um mit dir
die herbstfarben
zu genießen.

träume sanft.

Ein Nachwort:

Liebe Leserinnen und Leser,

dies also waren meine "Traumdrehbücher", die Chronologie einer leider viel zu kurzen, emotional jedoch sehr tiefgehenden Liebesgeschichte.

Wie schon beschrieben, sind die Gedichte im damals noch legendären AOL-Chat als Verabschiedung meiner Geliebten zur Guten Nacht entstanden. Spontan, improvisiert, meist zu nachtschlafener Zeit. Oft unvollendet oder nicht zu Ende gedacht, bleibt und wirkt manches eher fragmentarisch.

Als in mir dann aber der Entschluss reifte, diese Gute-Nacht-Wünsche als Gedichte auf zu schreiben, habe ich trotzdem die Gedichte unverändert übernommen und nur noch den Titel und die Überschriften dazu erdach Sonst habe ich außer der Form nichts daran „verbessert". Wobei Form, Rechtschreibung und Zeichensetzung voller Absicht so gewählt wurden und so dem Inhalt der Gedichte entspricht.

Eine etwas anders geartete Chronologie dieser Liebesgeschichte habe ich einem zweiten Gedichtband mit dem Titel "Liebesgeschichte-Gedichte" nieder geschrieben. Es dauerte immerhin dann noch einmal 12 Jahre, bis ich den Mut fand, diese Gedicht-Geschichte als Bücher zu veröffentlichen Denn bislang hatten nur sehr sehr wenige, vertraute Menschen einen, -meist auch nur unvollständigen-, Blick darauf oder hinein werfen dürfen Ich war nie bekannt dafür, mein Innerstes nach außen zu kehren!

Die Umschlagbilder habe ich dem Regenbogen und dem Mond, als oft wiederkehrende Motive in meinen Gedichten gewidmet. Beide sind aus meinem Küchenfenster heraus fotografiert; den Vollmond habe ich noch etwas verfremdet, um ihm als treuer Begleiter in manch durchwachter Nacht eine besondere Ehre zu Teil werden zu lassen...

Thomas Magdic